R. Böttcher, S. Lang, S. Czarnecki

Erich ist w

Redaktion: Elena Tonus
Künstlerische Leitung und Gestaltungskonzept: Nadia Maestri
Computerlayout: Maura Santini
Bildbeschaffung: Laura Lagomarsino

Erstausgabe: Januar 2011

Fotonachweis:
Cideb Archiv; © Hulton-Deutsch Collection/CORBIS/Walter
Bird: 35; © 2009 Getty Images/Steven Lovekin/Staff: 53;
Getty Images/George Konig/Stringer: 54.

The Publisher is certified by

CISQCERT

in compliance with the UNI EN ISO 9001:2008
standards for the activities of «Design and
production of educational materials»
(certificate no. 02.565)

ISBN 978-88-530-1112-1   Buch + CD

Printed in Croatia by Grafički zavod Hrvatske d.o.o., Zagreb

Inhalt

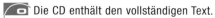 Die CD enthält den vollständigen Text.

 Das Symbol kennzeichnet den Anfang der Hörübungen.

Von links nach rechts: **Frau Schneider, Herr Schneider, Kommissar Gandolf**

Wo ist Erich?

Kommissar Gandolf, Herr Schneider, ein Polizeibeamter

Wir sind auf der Polizeiwache. Polizisten kommen und gehen. Ein Mann sitzt auf einer Bank. Er ist 45 Jahre alt. Er ist aufgeregt [1]. Er trägt einen dunklen Anzug, ein Hemd und eine gestreifte Krawatte. Kommissar Gandolf öffnet die Tür von seinem Büro. Der Mann steht auf.

HERR SCHNEIDER: — Herr Kommissar. Mein Sohn ist verschwunden [2].

---

1. **aufgeregt:** nervös.
2. **verschwinden** (verschwunden): weg sein.

KOMMISSAR GANDOLF: — Na so was! Aber kommen Sie doch rein. Setzen Sie sich.

Er setzt sich hinter seinen Schreibtisch. Der Mann setzt sich ihm gegenüber.

KOMMISSAR GANDOLF: — Also erzählen Sie mal.

HERR SCHNEIDER: — Ja, mein Sohn ist nicht nach Hause gekommen. Und er ist heute Morgen nicht in die Schule gegangen. Wo kann er bloß sein?

KOMMISSAR GANDOLF: — Beruhigen [3] Sie sich. Wie alt ist Ihr Sohn?

HERR SCHNEIDER: — Er ist 15 Jahre alt.

KOMMISSAR GANDOLF: — Na gut.

Kommissar Gandolf nimmt ein Blatt Papier und einen Kugelschreiber.

Ihr Name, bitte?

HERR SCHNEIDER: — Schneider. Herr Schneider.

KOMMISSAR GANDOLF: — Wo wohnen Sie?

HERR SCHNEIDER: — Hier in Frankfurt, mit meiner Familie.

KOMMISSAR GANDOLF: — Ihre Adresse?

HERR SCHNEIDER: — Clemensstraße 3.

KOMMISSAR GANDOLF: — Sie arbeiten auch in Frankfurt?

HERR SCHNEIDER: — Ja, ich bin Ingenieur.

KOMMISSAR GANDOLF: — Gut. Erzählen Sie mir ein bisschen von Ihrem Sohn.

HERR SCHNEIDER: — Also heute Morgen, Erich... Erich ist der Vorname von meinem Sohn... Erich ist wie immer zur Schule gegangen. Aber jetzt ist es sechs Uhr abends und er ist immer noch nicht zurück. Normalerweise kommt er freitags um vier

---

3. **sich beruhigen:** ruhig werden.

zurück. Ich habe einen Schulkameraden von Erich angerufen. Er hat mir gesagt, dass mein Sohn nicht in der Schule gewesen ist. Und auch ein anderer Schulkamerad ruft mich an. Er fragt mich, ob Erich krank ist, ich frage warum. Er sagt mir, dass Erich nicht in der Schule war. Ich mache mir Sorgen [4], Herr Kommissar.

KOMMISSAR GANDOLF: — Beruhigen Sie sich, Herr Schneider. Er ist ausgerissen [5]. Mit 15 Jahren kommt so etwas vor.

HERR SCHNEIDER: — Nein, er ist nicht ausgerissen.

KOMMISSAR GANDOLF: — Warum sagen Sie das?

HERR SCHNEIDER: — Na ja, also... ich bin Ingenieur... ich arbeite an einem geheimen Projekt... eine ganz ungewöhnliche Maschine, ja, revolutionär. Jemand will mein Geheimnis [6]. Man hat Erich entführt [7], um mich zum Sprechen zu bringen.

Es klopft an der Tür. Kommissar Gandolf hebt den Kopf.

KOMMISSAR GANDOLF: — Ja. Herein!

Ein Polizist kommt herein.

DER POLIZIST: — Entschuldigung, Kommissar... Frau Schneider ist da. Kann sie eintreten?

KOMMISSAR GANDOLF: — Natürlich. Machen Sie sich keine Sorgen, Herr Schneider. Ich bin sicher, dass es Erich gut geht.

Er steht auf, um Frau Schneider zu begrüßen.

---

4. **sich Sorgen machen:** Angst haben.
5. **ausreißen** (ausgerissen): von zu Hause weglaufen.
6. **das Geheimnis:** das Mysterium.
7. **entführen:** mit Gewalt an einen anderen Ort bringen.

Was steht **im Text?**

Textverständnis

1 **Was ist richtig (R), was ist falsch (F)?**

		R	F
a	Herr Schneider, der Vater von Erich, ist 45 Jahre alt.	☐	☐
b	Kommissar Gandolf ist Privatdetektiv.	☐	☐
c	Erich ist dreizehn Jahre alt.	☐	☐
d	Herr Schneider und Kommissar Gandolf treffen sich an einem geheimen Ort.	☐	☐
e	Herr Schneider arbeitet in Frankfurt an einer Bank.	☐	☐
f	Erich ist am Morgen noch in die Schule gegangen.	☐	☐
g	Erichs Schulkameraden haben ihn am Vormittag noch gesehen.	☐	☐
h	Normalerweise kommt Erich freitags um fünf nach Hause.	☐	☐
i	Herr Schneider glaubt nicht, dass Erich ausgerissen ist. Er glaubt, dass Erich entführt wurde.	☐	☐
j	Herr Schneider arbeitet zurzeit an einem geheimen Projekt und glaubt, dass jemand sein Geheimnis will.	☐	☐

2 **Beantworte kurz die folgenden Fragen.**

a   Was wissen wir über Erich?

b   Was macht Herr Schneider beruflich?

c   Woher weiß Herr Schneider, dass Erich nicht in der Schule war?

d   Warum glaubt Herr Schneider, dass Erich entführt wurde?

Wortschatz

3 Setze die passenden Wörter aus der Liste ein.

> **Schule   Ingenieur   Sorgen   Geheimnis   Schreibtisch**
> **Polizeiwache   verschwunden   beruhigen**

a   Herr Müller arbeitet an einem großen Bauprojekt. Er ist
....

b   Heute Morgen ist unser Junge .... Frau Schneider glaubt,
er ist weggelaufen.

c   Meine Schwester ist darüber sehr traurig und weint. Ich kann sie
kaum ....

d   Max ist vierzehn Jahre alt. Er geht gerne zur .... Sein
Lieblingsfach ist Mathe.

e   Kommissar Lübke arbeitet als Polizist. Er arbeitet bei der
....

f   Thomas hat heute einen schlimmen Autounfall gehabt. Papa macht
sich große ....

g   Sein Büro ist ein riesiges Chaos. Auf seinem .... liegen
überall Akten und Papiere.

h   Ich muss dir unbedingt etwas erzählen, aber du darfst es nicht
weitersagen, es ist nämlich ein ....

4 Verwende die Wörter um Sätze zu schreiben.

a   Maschine ....
....

b   Normalerweise ....
....

c   Polizei ....
....

d   Kugelschreiber ....
....

Grammatik

Artikel stehen in Verbindung mit einem Hauptwort (Nomen oder auch Namenwort oder Dingwort) und verbinden dieses näher.

Im Deutschen unterscheiden wir zwischen bestimmtem Artikel — wir reden über etwas Bestimmtes (der, die, das) und unbestimmtem Artikel — wir reden über etwas Unbestimmtes (ein, eine).

Bestimmter Artikel: etwas Bestimmtes

Singular:	der, die, das	Plural:	die
	der Mann		die Männer
	die Frau		die Frauen
	das Geheimnis		die Geheimnisse

Unbestimmter Artikel: etwas Unbestimmtes

Singular:	ein, eine	Plural:	kein Artikel
	ein Mann		Männer
	eine Frau		Frauen

5 **Ergänze mit dem bestimmten oder unbestimmten Artikel.**

a .... Junge heißt Erich.

b Kommissar Gandolf ist .... Detektiv.

c Herr Schneider trägt .... dunklen Anzug, ... Hemd und .... gestreifte Krawatte.

d .... Mann sitzt gegenüber von Kommissar Gandolf.

e Erich ist am Morgen nicht in .... Schule gegangen.

f Herr Schneider arbeitet an einer revolutionären Maschine. Sein Projekt ist .... Geheimnis.

g .... Mutter von Erich heißt Valentina.

h Valentina trägt .... rotes Kleid.

Hörverständnis

Herr Müller ist auf der Polizeiwache. Sein Sohn, Thomas, 14 Jahre alt, ist verschwunden. Kommissar Steiner sucht Thomas. Er fragt einen Mitschüler. Ein Schüler sagt, dass er einen Mann gesehen hat, der Thomas entführt haben soll.

3 6 Hör dir seine Aussage an und beantworte die Fragen.

    a Wo hat der Mitschüler Thomas gesehen?

    ....

    b Worüber haben Thomas und der Mann im Auto gesprochen?

    ....

    c Wie alt ist der Verdächtigte?

    ....

    d Wie sieht sein Auto aus?

    ....

    e Was für ein Kennzeichen hat sein Auto?

    ....

Sprich dich aus

7 Höre dir die Aussage noch einmal an. Schau dir danach die Fotos der Verdächtigten genau an. Alle sehen ähnlich aus, doch nur einer kann der Verdächtigte sein. Wer hat Thomas entführt?

Schreiben

8 Schreibe eine kurze Kriminalgeschichte. Die folgenden Fragen werden dir helfen, deine Geschichte zu planen. Fülle die Tabelle aus.

Wo findet deine Geschichte statt? Beschreibe die Umgebung.

Beschreibe den Tatort. Was ist passiert? Wie sieht es dort aus?

Beschreibe drei Personen, die in deiner Geschichte vorkommen. Wer sind sie? Was haben sie mit der Tat zu tun?

	Wie sieht er/ sie aus?	Besonderheiten	Werden verdächtigt, weil...
Person 1			
Person 2			
Person 3			

Beschreibe den Verdächtigen. Warum wird er verdächtigt?

Wie wird der Fall gelöst?

Verwende nun die ausgefüllte Tabelle, um die Geschichte zu schreiben.

Frau Schneider

Kommissar Gandolf, Frau Schneider, Herr Schneider

Frau Schneider tritt in das Büro ein. Sie geht zu ihrem Mann.

FRAU SCHNEIDER: — Hans. Was ist los? Wo ist Erich? Ich habe deine Notiz gefunden und bin sofort gekommen.

Kommissar Gandolf weist auf einen Stuhl.

KOMMISSAR GANDOLF: — Setzen Sie sich, Frau Schneider. Wir werden Erich schon finden.

Frau Schneider ist unruhig. Sie schaut ihren Mann an, dann den Kommissar. Kommissar Gandolf sitzt wieder hinter seinem Schreibtisch.

KOMMISSAR GANDOLF: — Also... Erzählen Sie mir von Erich? Wie sieht er aus?

FRAU SCHNEIDER: -Na ja... Er ist groß... 1 Meter 75. Er hat blonde Locken und braune Augen.

KOMMISSAR GANDOLF: — Trägt er eine Brille?

FRAU SCHNEIDER: — Ja, aber nur zum Lesen und Fernsehen.

KOMMISSAR GANDOLF: — Haben Sie ein Foto?

FRAU SCHNEIDER: — Ja, warten Sie. Ich habe ein Passfoto von ihm.

Sie sucht nervös in ihrer Tasche. Dann gibt sie dem Kommissar das Foto.

FRAU SCHNEIDER: — Da, sehen Sie, das ist Erich.

KOMMISSAR GANDOLF: — Ist das ein neues Foto?

FRAU SCHNEIDER: — Ja, ziemlich neu... jetzt hat Erich lange Haare bis zu den Schultern.

HERR SCHNEIDER: — Diese langen Haare. Ich habe ihm hundert Mal gesagt, er soll zum Friseur gehen. Aber er hört ja nicht auf mich.

KOMMISSAR GANDOLF: — Was hatte Erich heute Morgen an?

FRAU SCHNEIDER: — Eine alte, zerrissene [1] Jeans, wie es jetzt Mode ist, und einen sehr weiten, roten Pullover.

HERR SCHNEIDER: — Wieder diese zerrissene Jeans und der alte Pullover!

KOMMISSAR GANDOLF: — Hat Erich eine Freundin?

HERR SCHNEIDER: — Eine Freundin? Aber das ist doch lächerlich. Er ist doch noch ein Kind. Er ist erst 15 Jahre alt.

Frau Schneider schaut ihren Mann an, dann Kommissar Gandolf. Sie zögert, bevor sie spricht. Es ist ihr peinlich [2].

---

1. **zerrissen**: kaputt.
2. **peinlich**: unangenehm.

KOMMISSAR GANDOLF: — Herr Schneider, ich rate Ihnen, nach Hause zu gehen. Erich könnte anrufen.

Kommissar Gandolf steht auf, um Herrn Schneider zu verabschieden.

HERR SCHNEIDER: — Nach Hause gehen? Ich bitte Sie. Ich kann doch nicht nach Hause gehen und nichts tun, während mein Sohn in Gefahr steckt. Wir müssen etwas unternehmen.

KOMMISSAR GANDOLF: — Herr Schneider, glauben Sie mir... ich werde Ihren Sohn finden. Aber falls er anruft, muss jemand zu Hause sein. Vertrauen Sie mir.

HERR SCHNEIDER: — Sicher, Sie haben Recht. Bis gleich, Schatz. Ich bitte Sie, Herr Kommissar, suchen Sie meinen Sohn.

Herr Schneider geht raus.

Kommissar Gandolf setzt sich wieder.

KOMMISSAR GANDOLF: — Also, Erich hat eine Freundin?

FRAU SCHNEIDER: — Mmh... Na ja... Ja, ich glaube... Letzte Woche habe ich einen Brief gefunden.

KOMMISSAR GANDOLF: — Haben Sie ihn gelesen?

FRAU SCHNEIDER: — Ja, ich bin neugierig [3]... ich konnte nicht anders... der Brief ist von einer gewissen Lisa.

KOMMISSAR GANDOLF: — Hat Erich von ihr erzählt?

FRAU SCHNEIDER: — Nein. Erich hat nie über solche Sachen gesprochen... und er weiß auch nicht, dass ich den Brief gelesen habe. Verstehen Sie? Er soll nicht wissen, dass ich seinen Brief gelesen habe!

KOMMISSAR GANDOLF: — Ja, natürlich verstehe ich das... keine Sorge. Wissen Sie, ob Lisa in Frankfurt lebt?

3. **neugierig:** eine Person, die alles wissen will.

FRAU SCHNEIDER: — Nein. Ich glaube nicht... aber wissen tu ich es nicht... sie sagt, dass Sie Erich sehen will, dass er ihr fehlt, dass sie ihn liebt. Glauben Sie, dass Erich bei Lisa ist?

KOMMISSAR GANDOLF: — Tja... das ist auf jeden Fall möglich.

Kommissar Gandolf kratzt sich am Kinn.

KOMMISSAR GANDOLF: Hat Erich heute Morgen seine Schulbücher eingepackt?

FRAU SCHNEIDER: — Ja, wie jeden Morgen. Eigentlich ist mir nichts aufgefallen. Soll ich noch einmal nachschauen, ob mir etwas auffällt? Sagen Sie mir, was ich tun soll.

KOMMISSAR GANDOLF: — Also. *Kommissar Gandolf steht auf.* Gehen Sie nach Hause. Schauen Sie nach, ob Erich Kleider mitgenommen hat. Vielleicht wollte er Lisa doch besuchen... Ich behalte dieses Foto. Und später komme ich zu Ihnen, um Spuren ⁴ zu suchen. Einverstanden?

FRAU SCHNEIDER: — Ja. *Frau Schneider fängt an zu weinen.* Ach, wo steckt er denn bloß. Was habe ich denn falsch gemacht?

Frau Schneider steht auf. Kommissar Gandolf begleitet sie zur Tür.

KOMMISSAR GANDOLF: — Machen Sie sich keine Sorgen, Frau Schneider, wir werden Erich bald wiederfinden. Bis gleich.

---

4. **die Spur:** das Indiz.

Was steht **im Text?**

Textverständnis

1 **Was ist richtig (R), was ist falsch (F)?**

		R	F
a	Frau Schneider trifft ihren Mann und den Kommissar Gandolf zu Hause.	☐	☐
b	Erich ist 1 Meter 75 groß, hat kurze blonde Haare und braune Augen.	☐	☐
c	Herr Schneider mag die langen Haare von seinem Sohn.	☐	☐
d	Am Morgen hatte Erich eine alte, zerrissene Jeans und einen roten Pullover an.	☐	☐
e	Kommissar Gandolf rät Familie Schneider auf der Polizeiwache zu bleiben.	☐	☐
f	Erich hat eine Freundin.	☐	☐
g	Erichs Mutter hat seinen Brief von Lisa gelesen. Erich war darüber sehr verärgert.	☐	☐
h	Erich hat am Morgen seine Schulbücher zu Hause gelassen.	☐	☐
i	Kommissar Gandolf fragt Herrn Schneider, ob Erich am Morgen Kleider eingepackt hat.	☐	☐
j	Kommissar Gandolf glaubt, dass Erich zu Lisa nach Frankfurt gefahren ist.	☐	☐

2 **Beantworte kurz die folgenden Fragen.**

a   Was denkt Herr Schneider über Erichs Aussehen?

....

b   Warum glaubt Herr Schneider, dass Erich noch keine Freundin hat?

....

c   Was glaubst du, wo könnte Erich sein?

....

3 Fülle Erichs Vermisstenanzeige aus.

VERMISSTENANZEIGE

Name ....

Adresse ....

....

Name des Vaters ....

Name der Mutter ....

Größe: ....

....

Haarfarbe: ....

Brillenträger: ☐ ja ☐ nein

Was trug er am Tag des Verschwindens?

....

....

Wie heißt seine Freundin?

....

Was wissen wir sonst noch über Erich?

....

....

Wortschatz

4 Setze die passenden Wörter aus der Liste ein.

> unruhig Friseur zögern lächerlich
> Frisur peinlich verabschiedet zerrissen

a Über Erichs Freundin zu sprechen ist Frau Schneider unangenehm.
Es ist ihr ....

b Erich hat lange blonde Locken. Herr Schneider mag seine
.... nicht.

c Erich hat morgen eine Schularbeit. Er ist sehr nervös und
....

d Erich ist vom Fahrrad gefallen. Seine Jeans hat ein Loch. Sie ist
....

e Bevor sie nach Hause geht, gibt Frau Schneider Kommissar Gandolf
ihre Hand. Sie .... sich.

f Herr Steiner findet den Film albern und unsinnig. Der Film ist
....

g Die Schüler sagen nicht sofort die Antwort. Sie ....

h Lisa muss sich endlich die Haare schneiden lassen. Sie geht heute
zum ....

Leseverständnis

5 Lies den Text und beantworte die Fragen.

Tatort ist der Titel einer deutschen Fernseh-Krimiserie. Tatort
startete 1970 und ist die älteste und bekannteste deutsche
Krimiserie. Seit Beginn der Serie wurden über 760 Episoden
gedreht. Die Episoden finden in vielen deutschen Städten statt,
wie München, Hamburg, Berlin, Leipzig und Köln.

a Wann startete die Fernsehserie Tatort? ....

b Wie viele Episoden wurden insgesamt gedreht? ....

c In welchen Städten finden die Episoden statt? ....

Grammatik

Die Negation

Die **Negation** ist die Ablehnung oder Verneinung. Verneint werden können zum Beispiel Aussagen. Im Deutschen kann man Aussagen mit den Wörtern **kein, keine** oder **nicht** verneinen.

Mit dem Negativartikel **kein** verneint man Nomen (Substantive) mit unbestimmtem Artikel oder Nullartikel.

Das ist **ein** Vogel = Das ist **kein** Vogel

Das ist **eine** Gans = Das ist **keine** Gans

Das ist **ein** Pferd = Das ist **kein** Pferd

Das Negativwort **nicht** steht vor allen anderen negierten Wörtern oder am Ende des Satzes als Vollnegation.

Beispiel: *Kommissar Gandolf arbeitet im Büro.*

*Kommissar Gandolf arbeitet **nicht** im Büro.*

6 **Negiere die folgenden Sätze.**

a   Herr Schneider mag Erichs Haare.

....

b   Kommissar Gandolf spricht mit Frau Schneider.

....

c   Erichs Freundin heißt Sonja.

....

d   Kommissar Gandolf glaubt, dass er Erich bald wiederfindet.

....

e   Erich nimmt den Zug um 16 Uhr.

....

f   Herr Schneider arbeitet in München.

....

Hörverständnis

7 Was tun, wenn ein Jugendlicher verschwindet? Hör dir das Interview von Kommissar Steiner an und beantworte die Fragen.
Was ist richtig (R), was ist falsch (F)?

		R	F
a	Kommissar Steiner ist Psychologe bei der Polizeiwache.	☐	☐
b	Er spricht darüber, was man tun kann, wenn Jugendliche verschwinden.	☐	☐
c	Als erstes soll man die Polizei benachrichtigen.	☐	☐
d	Kommissar Steiner schlägt auch vor, Nachbarn um Hilfe bei der Suche zu bitten.	☐	☐
e	Man soll unbedingt darauf achten, welche Klamotten das Kind anhat.	☐	☐
f	Zu wissen, wo das Kind oft hingeht, ist nicht so wichtig.	☐	☐
g	Kommissar Steiner sagt, dass man oft mit dem eigenen Kind sprechen soll, um den Dialog nicht zu verlieren.	☐	☐

Sprich dich aus

8 Hör dir das Interview noch einmal an. Was würdest du tun, wenn jemand, den du kennst, verschwindet?

Sicht vom Main aus.

Frankfurt –
Virtueller Stadtrundgang

Willkommen in der Mainmetropole. Frankfurt am Main ist mit
667.000 Einwohnern die fünftgrößte Stadt Deutschlands. Frankfurt ist
heute ein sehr wichtiges europäisches Finanz- und Messezentrum.
In der Stadt befinden sich die Europäische Zentralbank, die Deutsche
Bundesbank, die Frankfurter Börse [1] und die Frankfurter Messe. Der
Frankfurter Flughafen ist einer der größten und wichtigsten in Europa.

Der Frankfurter Dom

Unser Stadtrundgang beginnt beim Frankfurter Dom. Der wird 1260
gebaut und der hohe Turm des Doms ist 95 Meter hoch. Zehn

---

1.   **Börse**: ein Markt, bei dem mit Wertpapieren (Aktien) gehandelt wird.

Deutsche Kaiser bekommen im Dom zwischen 1562 und 1792 eine Krone aufgesetzt.

Vom Dom gehen wir in Richtung **Römerberg**. Hierher gingen die Kaiser nach ihrer Krönung zu Fuß. Neben dem Dom ist der **Archäologische Garten** mit Ausgrabungen einer antiken römischen Siedlung.

Weiter geht es zum Eisernen Steg. Die Brücke wird 1868 gebaut. Hier gibt es eingravierte Wasserstände (siehe Bild links), wo man sehen kann wie hoch das Wasser in Frankfurt über die letzten hundert Jahre war. Vom **Eisernen Steg** geht es zurück zum Dom. Von dort aus gehen wir zum **Haus Wertheim**. Das Fachwerkhaus [2] der Renaissance wird um 1600 gebaut. Es ist das einzige Fachwerkhaus der Altstadt, welches im Krieg nicht zerstört wird.

Jetzt stehen wir mitten auf dem **Römerberg**. Bis zum Dom hin stehen hier historische Fachwerkhäuser. Die Häuser werden aber alle nach dem Zweiten Weltkrieg nachgebaut, weil sie 1944 durch Bomben zerstört werden. Die gesamte Altstadt Frankfurts wird damals auch zerstört.

In der Mitte des Römerbergs steht der **Gerechtigkeitsbrunnen**. Hier gab es nach der Krönung der Kaiser riesige Feste, mit viel Wein und dem leckeren Duft von „Ochs am Spieß".

Am Römerberg steht auch das Rathaus, auch „**der Römer**" genannt. Typisch für das Gebäude sind die „Stufen" beim Dach. Im ersten Stock ist der wunderschöne Kaisersaal. Hier hängen Gemälde [3] aller 52 Kaiser, die das Reich von 768 bis 1806 regierten.

Bei unserem Stadtrundgang kommen wir nun zum **Goethe-Haus**. Hier kommt 1749 der berühmte deutsche Dichter Johann Wolfgang von Goethe zur Welt. Auch dieses Gebäude wird im Krieg zerstört und danach nachgebaut.

2. **das Fachwerkhaus**: ein Haus, das aus Holz gebaut wird.
3. **das Gemälde**: gemalte Bilder.

Weiter geht es zur Hauptwache. Die **Hauptwache** wird 1729-1731 erbaut und ist damals die wichtigste Polizeistation der Stadt. Hinter der Hauptwache ist die **Alte Oper**. Der Deutsche Architekt Richard Lucae versuchte um 1880 mit diesem Gebäude die Opern von Paris und Dresden zu übetreffen [4]. Das Gebäude wird im Krieg komplett zerstört. Erst 1976 wird die Oper neu aufgebaut und restauriert.

Die Alte Oper.

Textverständnis

1 **Was ist richtig (R), was ist falsch (F)?**

		R	F
a	Frankfurt am Main ist die größte Stadt Deutschlands.	☐	☐
b	Beim Eisernen Steg kann man sehen, wie hoch der Wasserstand in Frankfurt über die letzten hundert Jahre war.	☐	☐
c	Viele Gebäude in Frankfurt werden im Zweiten Weltkrieg durch Bomben zerstört.	☐	☐
d	In Deutschland gab es über 50 Könige.	☐	☐
e	Goethe war ein berühmter deutscher Maler.	☐	☐
f	Die Hauptwache war damals eine große Polizeistation.	☐	☐

4. **übertreffen**: er wollte, dass sein Gebäude schöner aussieht.

Der Zettel

Herr und Frau Schneider

Herr Schneider ist in Erichs Zimmer. Es ist ein typisches Jugendzimmer: ein Bett, ein Fußball auf dem Boden, ein unordentlicher Schreibtisch, Bücher in einem Bücherregal. An der Wand hängen Poster von Rennfahrern und Rockmusikern. Herr Schneider hat einen Zettel [1] in der Hand. Er ist sehr aufgeregt. Als seine Frau kommt, läuft er zu ihr hin.

Herr Schneider: — Endlich bist du da! Guck mal da! Sie haben Erich entführt.

---

1. **der Zettel:** Stück Papier.

FRAU SCHNEIDER: — Was? Was sagst du denn da?

HERR SCHNEIDER: — Guck hier. Lies das. *Er reicht ihr den Zettel.*

Frau Schneider hat Schwierigkeiten beim Lesen, sie versucht die einzelnen Wörter zu entziffern².

FRAU SCHNEIDER: — Kind... retten... das Leben... Aber wo hast du denn diesen Zettel gefunden? Man kann nicht alles lesen. Die Schrift ist verwischt ³. Wer macht denn so etwas? Was sind das nur für Menschen?

HERR SCHNEIDER: — Ich habe den draußen gefunden, vor der Haustür.

FRAU SCHNEIDER: — Was? Vor der Haustür?

HERR SCHNEIDER: — Ja, vor der Haustür. Auf dem Boden. Ganz nass. Der Regen hat die Wörter verwischt, aber ich bin sicher, das ist eine Lösegeldforderung ⁴. Irgendjemand hat bestimmt etwas gesehen oder bemerkt. Wir müssen sofort die Nachbarn befragen.

FRAU SCHNEIDER: — Aber das muss gar nichts heißen. Man kann doch nur einige Wörter lesen.

HERR SCHNEIDER: — Aber denk doch mal nach. Kind... Wir haben Ihr Kind... Es fehlt die Summe. Die ist ausgewischt. Aber das ist eine Lösegeldforderung. Und guck da: Retten Sie das Leben... Ganz klar. Das ist eine Drohung ⁵. Wir müssen schnell etwas unternehmen. Wir müssen zahlen, um Erichs Leben zu retten. Ich fahre sofort zum Kommissariat.

---

2. **entziffern:** mit Schwierigkeiten lesen.
3. **verwischt:** nicht klar lesbar.
4. **das Lösegeld(er):** Geld, das man bezahlt um das Leben zu retten.
   die Lösegeldforderung(en): wenn jemand Lösegeld haben will.
5. **die Drohung(en):** „Geld oder Leben!".

Er geht zur Tür, aber seine Frau hält ihn zurück.

FRAU SCHNEIDER: — Nein. Das hat keinen Zweck. Kommissar Gandolf kommt gleich. Warte doch!

HERR SCHNEIDER: — Aber ich kann nicht länger warten. Erich ist in Gefahr und wir sitzen hier und unternehmen gar nichts.

FRAU SCHNEIDER: — Komm! Kommissar Gandolf wird gleich hier sein. Wir gehen in sein Zimmer. Vielleicht finden wir ja doch Spuren... irgendetwas, das uns weiterhilft.

HERR SCHNEIDER: — Verstehst du denn nicht! Diese Männer meinen es ernst. Das sind Profis! Sie werden Erich etwas Schreckliches antun.

FRAU SCHNEIDER: — Beruhige dich. Sonst werde ich auch noch verrückt [6].

HERR SCHNEIDER: — Nun gut. Lass uns in sein Zimmer gehen.

---

6. **verrückt werden:** den Verstand verlieren.

Erichs Zimmer

Herr und Frau Schneider, Kommissar Gandolf

Die Schneiders sind in Erichs Zimmer.

HERR SCHNEIDER: — Was für eine Unordnung.

*Herr Schneider nimmt einige Blätter Papier vom Schreibtisch,
er macht die Schublade auf.*

Mangelhaft [1]. Das ist eine Mathearbeit. Er hat eine Fünf in
Mathe und hat mir nichts gesagt.

---

1. **mangelhaft (eine Fünf):** schlechte Schulnote. In Deutschland gehen
   die Schulnoten von 1 (sehr gut) bis 6 (ungenügend).

FRAU SCHNEIDER: — Hans, das ist jetzt nicht so wichtig. Wir müssen jetzt Spuren finden. Guck, da ist sein Stundenplan. Freitags hat er Französisch, Englisch und Geographie. Sind seine Bücher da?

HERR SCHNEIDER: — Französisch... Geschichte... Naturwissenschaften... Geographie... *Herr Schneider fährt mit dem Finger über die Bücher und überlegt.* Hmmm... Es fehlen das Englisch— und das Mathebuch. Das ist komisch. Und seine Kleidung? Guck mal in den Schrank.

Frau Schneider öffnet die Schranktür und guckt sich die Kleider an. Ihr fällt nichts auf.

Kommissar Gandolf kommt, er ruft laut.

KOMMISSAR GANDOLF: — Ist da jemand? Herr Schneider? Frau Schneider?

HERR SCHNEIDER: — Ach, da sind Sie ja endlich, Herr Kommissar. Ich bin schon ganz verzweifelt! Kommen Sie rein. Sehen Sie, das ist eine Lösegeldforderung — ganz bestimmt. Ich habe das vor der Haustür gefunden. Das ist so schrecklich. Warum muss uns so etwas passieren?

Kommissar Gandolf bleibt stehen. Er nimmt das Stück Papier in die Hand und sieht es sich genau an. Dann sieht er sich die Rückseite an und denkt nach.

KOMMISSAR GANDOLF: — Das ist komisch. Die Schrift ist ganz verwischt. Man kann nur ein paar Wörter entziffern. Fehlt etwas aus Erichs Zimmer? Haben Sie etwas bemerkt oder ist Ihnen im Zimmer etwas Ungewöhnliches aufgefallen?

HERR SCHNEIDER: — Nein, es fehlt nichts. Kommen Sie und schauen Sie selbst.

Kommissar Gandolf geht in Erichs Zimmer und guckt sich um. Er sieht sich die Poster an Erichs Wand an und kratzt sich am Kinn.

KOMMISSAR GANDOLF: — Na klar, Erich schwärmt [2] für schnelle Autos und Rockmusik.

FRAU SCHNEIDER: — Ja, das ist wahr. Er liest Autozeitschriften, er schaut sich alle Formel-1-Rennen im Fernsehen an... Er sammelt auch Autogramme von den Piloten. Da ist er ganz fanatisch!

HERR SCHNEIDER: — Aber das ist doch gar nicht so wichtig. Ihr könnt doch nicht hier herumstehen und über Erichs Hobbies reden. Man hat den armen Jungen entführt. Wir müssen etwas tun!

Kommissar Gandolf antwortet nicht, er schaut sich die Poster noch einmal an, eins nach dem anderen, dann die Bücher im Regal. Er kratzt sich wieder am Kinn, er schaut wieder den Zettel an, dann die Fotos, die Bücher. Dann fällt ihm etwas ein.

KOMMISSAR GANDOLF: — Das ist ja komisch...

---

2. **schwärmen für**: enthusiastisch sein.

Was steht **im Text?**

Textverständnis

1 **Was ist richtig (R), was ist falsch (F)?**

		R	F

a Erich hat ein typisches Jugendzimmer mit Postern von Rennfahrern und Rockmusikern an der Wand. ☐ ☐

b Herr Schneider findet einen geheimnisvollen Zettel in Erichs Zimmer. ☐ ☐

c Auf der Lösegeldforderung steht keine Summe. ☐ ☐

d Frau Schneider ist stolz, weil sie in Erichs Zimmer eine Mathearbeit findet. Er hat eine Eins bekommen. ☐ ☐

e Herr und Frau Schneider durchsuchen Erichs Zimmer, aber sie finden keine Hinweise. ☐ ☐

f Erich liest gerne Autozeitschriften und schaut sich alle Formel-1-Rennen an. ☐ ☐

g Auf Erichs Schreibtisch fehlen ein Mathebuch und ein Deutschbuch. ☐ ☐

h Kommissar Gandolf interessiert sich sehr für den Zettel mit der Lösegeldförderung. Er macht sich große Sorgen um Erich. ☐ ☐

i Frau Schneider merkt, dass Klamotten aus Erichs Kleiderschrank fehlen. ☐ ☐

2 **Beantworte kurz die folgenden Fragen.**

a Wie sieht das Zimmer von Erich aus?

....

b Warum ist Herr Schneider sehr aufgeregt?

....

c Was macht Kommissar Gandolf?

....

Wortschatz

3 Setze die passenden Wörter aus der Liste ein.

> unordentlich aufgeregt Schwierigkeiten ausgewischt
> entziffern schwärmt Lösegeld Zettel

a Herr Schneider findet ein Blatt Papier. Auf dem .... ist eine Lösegeldförderung.

b Erich hat Probleme. Er steckt in großen ....

c Kommissar Gandolf kann den Brief nicht lesen. Er kann die Schrift nicht ....

d Die Schneiders sollen Geld bezahlen, um Erichs Leben zu retten. Sie sollen für ihn .... zahlen.

e In Erichs Zimmer liegen überall Sachen. Es ist sehr ....

f Herr Schneider macht sich große Sorgen und ist sehr nervös. Er ist ....

g Erich liebt Rennfahrer und Rockmusik. Er .... für Michael Schumacher.

h Der Brief ist nass geworden und die Buchstaben sind ....

Leseverständnis

4 Lies den Text und beantworte die Fragen.

Agatha Christie ist die erfolgreichste Autorin aller Zeiten. Sie wurde 1890 in England geboren und ihre Bücher verkauften sich über 2 Milliarden mal und sind in über 45 Sprachen erschienen. In über 50 Jahren schrieb Christie 80 Romane [1] und Kurzgeschichten. Christie starb 1976.

a Wann und wo wurde Agatha Christie geboren ?

b Wie viele Bücher verkaufte Agatha Christie?

c In wie vielen Sprachen gibt es Agatha Christies Bücher?

1. **der Roman:** Bücher.

35

Grammatik

Die Hilfsverben „sein" und „haben"

Sein und haben werden im Deutschen so dekliniert:

Sein	Haben
Ich bin	Ich habe
Du bist	Du hast
Er, Sie, Es ist	Er, Sie, Es hat
Wir sind	Wir haben
Ihr seid	Ihr habt
Sie sind	Sie haben

Beispiel: Er **ist** im Büro.
Er **hat** einen geheimnisvollen Zettel.

Für die zusammengesetzten Zeiten brauchst du **sein** oder **haben** als Hilfsverb und das **Partizip Perfekt**.
Beispiel: Er **ist** ins Büro **gekommen**.
Er **hat** einen Zettel **gefunden**.

5 *Sein* oder *haben*? Setzte die richtige Form des Verbs ein.

a Herr Schneider geht zur Polizei. Sein Sohn Erich .... verschwunden.

b Erichs Vater .... Ingenieur und arbeitet an einem geheimen Projekt.

c Er glaubt, dass man Erich entführt ....

d Erich .... 15 Jahre alt.

e Er .... lange, blonde Haare.

f Er .... 1 Meter 75 groß und .... braune Augen.

g Erich .... am Morgen noch zur Schule gegangen, doch am Abend .... er nicht nach Hause gekommen. Seine Eltern machen sich Sorgen.

h Auch seine Klassenkameraden .... ihn nicht gesehen.

Schreiben

6 Zeichne ein Bild von deinem Zimmer. Beschreibe deine Zeichnung. Die Fragen helfen dir den Text zu schreiben.

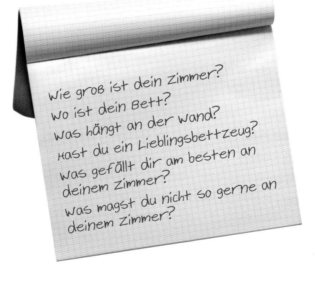

Wie groß ist dein Zimmer?
Wo ist dein Bett?
Was hängt an der Wand?
Hast du ein Lieblingsbettzeug?
Was gefällt dir am besten an deinem Zimmer?
Was magst du nicht so gerne an deinem Zimmer?

....
....
....
....
....

Pauline

Herr und Frau Schneider, Kommissar Gandolf, Pauline

Die Tür geht auf. Man hört die Stimme eines jungen Mädchens.

PAULINE: — Mama, Papa, seid ihr da?

FRAU SCHNEIDER: — Ja, Pauline. Wir sind in Erichs Zimmer.

Das Telefon klingelt im Flur, Pauline hebt ab.

PAULINE: — Hallo.

HERR SCHNEIDER: *sehr laut* — Nein. Warte!

Aber es ist zu spät, Pauline spricht schon.

PAULINE: — Hallo. Hallo. Was? Hallo. Wer spricht denn da? Hallo. Erich? Was? Erich? Ich verstehe nichts. Verflixt!

Sie legt auf. Herr Schneider und Kommissar Gandolf sind zu ihr gekommen.

HERR SCHNEIDER: — Also, wer war das? Erich?

PAULINE: — Erich? Ich weiß nicht. Da hat sich jemand verwählt [1]. Ich habe nichts verstanden.

Sie sieht Kommissar Gandolf.

Ich habe Lärm gehört. Viel Lärm. Aber was ist denn los?

FRAU SCHNEIDER: — Hast du Erichs Stimme wiedererkannt?

PAULINE: — Erichs Stimme? Ich weiß nicht...

Herr Schneider dreht sich zu Kommissar Gandolf um.

HERR SCHNEIDER: — Machen Sie doch etwas! Wir müssen handeln. Die Lösegeldforderung und jetzt dieser Anruf. Aber was machen Sie denn da?

Er ist sehr aufgeregt. Kommissar Gandolf scheint abwesend [2] zu sein; er nimmt eine Zeitung, die auf dem Tisch neben dem Telefon liegt und blättert sie durch. Herr Schneider wird wütend.

HERR SCHNEIDER: —Was denn? Sie lesen Zeitung? Mein Sohn ist in Gefahr, man hat ihn entführt, er ist in Lebensgefahr und Sie lesen Zeitung? Machen Sie Ihre Arbeit und suchen Sie ihn!

Kommissar Gandolf hebt den Kopf.

KOMMISSAR GANDOLF: — Ihn suchen? Ich habe ihn ja vielleicht schon gefunden.

HERR SCHNEIDER: — Aber was sagen Sie denn da? Sind Sie verrückt?

KOMMISSAR GANDOLF: — Nein. Sehen Sie, die Lösung könnte da sein.

1. **sich verwählen**: eine falsche Telefonnummer eingeben.
2. **abwesend**: unaufmerksam.

Kommissar Gandolf gibt ihm die Zeitung.

Lesen Sie die Schlagzeilen [3].

Herr und Frau Schneider lesen mit lauter Stimme die Schlagzeilen.

HERR UND FRAU SCHNEIDER: — Banküberfall auf die Deutsche Bank... Formel-1, letzte Trainingsrunden vor dem Großen Preis auf dem Hockenheimring, *La Traviata* heute Abend in der Alten Oper, Zugstreik heute Nachmittag. Ich verstehe überhaupt nichts mehr.

KOMMISSAR GANDOLF: — Wir haben keine Zeit. Kommen Sie! Ich hoffe, ich irre mich nicht.

Kommissar Gandolf verlässt die Wohnung. Herr und Frau Schneider folgen ihm. Auch Pauline geht mit.

PAULINE: — Kann mir vielleicht jemand erklären, was hier los ist?

---

3. **die Schlagzeile:** großer Titel aus der ersten Seite der Zeitung.

Was steht **im Text?**

Textverständnis

1 **Was ist richtig (R), was ist falsch (F)?**

	R	F
a Erichs Schwester heißt Paula.	☐	☐
b Am Telefon war jemand, der sich verwählt hat.	☐	☐
c Herr Schneider ist wütend, weil Kommissar Gandolf die Zeitung liest.	☐	☐
d Kommissar Gandolf glaubt, dass er Erich schon gefunden hat.	☐	☐
e Kommissar Gandolf glaubt, dass Erich eine Bank überfallen hat.	☐	☐
f Kommissar Gandolf sagt den Schneiders, dass sie die Schlagzeilen lesen sollen.	☐	☐
g Herr Schneider glaubt, dass Erich in die Oper gegangen ist, um *La Traviata* anzuschauen.	☐	☐

2 **Beantworte kurz die folgenden Fragen.**

a Was denkst du? Wer ruft bei den Schneiders an? ....

b Warum ist Herr Schneider wütend? ....

c Warum glaubt Herr Schneider, dass Kommissar Gandolf verrückt ist? ....

Sprechen

3 **Verschiedene Hypothesen. Was glaubst du?**

a Was könnten die Schlagzeilen bedeuten? ....

b Glaubst du, Erich ist ausgerissen, weil er Probleme in der Schule hat? ....

c Ist Erichs Vater zu streng? Seine Mutter zu weich? ....

Leseverständnis

4 Lies die Kurztexte über jugendliche Ausreißer und beantworte die Fragen. Was ist richtig (R), was ist falsch (F)?

A **Jugendliche Ausreißer**

Viele Kinder reißen in Deutschland jährlich aus. Die Kinder kommen aus allen Milieus. Wenn ein Kind oder ein Jugendlicher von zu Hause ausreißt, so können die Eltern den Ausreißer bei der Polizei melden. Die Polizei gibt dann eine Fahndung heraus. Das bedeutet, die Eltern geben der Polizei ein Foto des Kindes und das Foto wird dann allen Polizeistationen in der Umgebung geschickt, in der das Kind vermutet wird. Die Polizei sucht dann das Kind oder den jugendlichen Ausreißer. Meistens fahren sie an Bahnhöfen und an Plätzen vorbei, wo sich die Jugendlichen in der Regel treffen.

		R	F
a	In Deutschland reißen nicht viele Kinder aus.	☐	☐
b	Kinder und Jugendliche, die ausreißen, kommen nur aus armen Familien.	☐	☐
c	Die Polizei sucht Ausreißer in der ganzen Stadt.	☐	☐

B **Die Festnahme**

Wenn die Polizei den Ausreißer findet, darf sie den Ausreißer nur sanft anhalten. Sanft anhalten ist nicht das gleiche wie verhaften. Das heißt, die Polizei darf dem Ausreißer keine Handschellen anlegen oder Gewalt anwenden.

d	Wenn die Polizei einen Ausreißer findet, darf sie Gewalt anwenden.	☐	☐
e	Die Polizei darf Ausreißern Handschellen anlegen.	☐	☐
f	Sanft anhalten ist das gleiche wie verhaften.	☐	☐

c Wohin?

Die meisten Ausreißer gehen zu Verwandten. Die Verwandten dürfen das Kind nicht länger als eine Nacht bei sich behalten. Meist aber rufen die Verwandten die Eltern des Ausreißers an und besprechen, was man tun kann.

g Die meisten jugendlichen Ausreißer halten sich bei Verwandten auf. ☐ ☐

h Verwandte dürfen Ausreißer so lange behalten, wie sie wollen. ☐ ☐

i Meistens rufen Verwandte die Eltern der Ausreißer sofort an. ☐ ☐

D Das Sorgentelefon

Für Kinder und Jugendliche, die Probleme haben oder ausreißen wollen, gibt es ein Sorgentelefon. Das bedeutet, sie können kostenlos eine Nummer anrufen, wo ihnen ein Berater oder Psychologe helfen kann.

j Das Sorgentelefon ist nicht für alle Kinder und Jugendliche, die Probleme haben. ☐ ☐

k Das Sorgentelefon kann man immer kostenlos anrufen. ☐ ☐

l Beim Sorgentelefon arbeiten meist Psychologen. ☐ ☐

Sprechen

5 Kennst du jemanden, der von zu Hause ausgerissen ist? Erzähle.

....

....

....

....

6 Halte einen kurzen Vortrag über eine berühmte Person. Die folgenden Fragen werden dir helfen, deinen Vortrag zu planen.

Die Person über die du berichten willst: ....

Spitzname: ....

Geboren am: ....

Geboren in: ....

Sternzeichen: ....

Beruf: ....

Grösse: ....

Gewicht: ....

Haarfarbe: ....

Augenfarbe: ....

Mutter: ....

Vater: ....

Geschwister: ....

Partner: ....

Kinder: ....

Haustiere: ....

Ausbildung: ....

Hobbies: ....

Was diese Person besonders gut kann: ....

Was kaum jemand weiß: ....

Ich finde diese Person bemerkenswert, weil: ....

skKotpv8874   fhslfxkutne,xosj 35689   30

AKT 3 SZENE 1

Am Bahnhof

Kommissar Gandolf, Herr und Frau Schneider, Pauline, eine
Bahnangestellte, Leute, die warten.

Am Bahnhof. Kommissar Gandolf geht zum Informationsschalter. Die Leute stehen Schlange [1]. Er drängelt [2] sich vor. Frau Schneider bleibt hinten in der Schlange und spricht mit Pauline. Herr Schneider folgt Kommissar Gandolf. Er ist nervös, ungeschickt und fällt über einen Koffer. Die Leute protestieren.

---

1. **Schlange stehen:** viele Leute, die warten.
2. **sich vordrängeln:** nicht in der Reihe bleiben.

Aber ich bin vor Ihnen!

Vorsicht, mein Koffer.

Warten Sie, wie wir alle!

Sie haben kein Recht, sich vorzudrängeln!

Ich bin genauso in Eile wie Sie. Jetzt bin ich dran!

Kommissar Gandolf steht am Schalter und zeigt der Angestellten seinen Dienstausweis.

KOMMISSAR GANDOLF: — Entschuldigung, Fräulein, aber es ist sehr dringend. Sind Züge aus Hockenheim angekommen?

DIE BAHNANGESTELLTE: — Aus Hockenheim? Nein. Die sind alle ausgefallen wegen Streik. Aber einer ist doch gefahren. Er kommt in zehn Minuten an.

KOMMISSAR GANDOLF: — Vielen Dank, Fräulein. Auf welchem Gleis kommt der Zug an?

DIE BAHNANGESTELLTE: — Gleis 3.

KOMMISSAR GANDOLF: *Zu den Leuten, die protestieren* — Ich bitte Sie nochmals um Entschuldigung. Vielen Dank.

Was steht **im Text?**

Textverständnis

1 **Was ist richtig (R), was ist falsch (F)?**

		R	F
a	Am Bahnhof geht Kommissar Gandolf sofort zum Informationsschalter.	☐	☐
b	Die Leute ärgern sich sehr, dass sich Kommissar Gandolf vordrängelt.	☐	☐
c	Kommissar Gandolf hat seinen Dienstausweis im Auto vergessen.	☐	☐
d	Kommissar Gandolf fragt die Bahnangestellte, wann der Zug von Hockenheim ankommt.	☐	☐
e	Die Bahnangestellte sagt, dass der Zug in einer Stunde ankommt.	☐	☐
f	Der Zug aus Hockenheim kommt auf Gleis 5 an.	☐	☐
g	Es fahren keine Züge wegen einem Unwetter.	☐	☐
h	Kommissar Gandolf entschuldigt sich bei den Leuten, weil er sich vorgedrängelt hat.	☐	☐

2 **Beantworte kurz die folgenden Fragen.**

a   Wohin gehen Kommissar Gandolf und die Schneiders?

....

b   Warum sind die Leute in der Warteschlange verärgert?

....

c   Was fragt Kommissar Gandolf die Bahnangestellte?

....

d   Warum fahren keine Züge?

....

3 Wer macht was?

1	☐ Kommissar Gandolf	a	spricht mit Pauline.
2	☐ Frau Schneider	b	fragt nach der Zuginformation.
3	☐ Die Bahnangestellte	c	geht zum Schalter.
4	☐ Kommissar Gandolf	d	sagt, dass der Zug auf Gleis 3 ankommt.

Wortschatz

4 Setze die passenden Wörter aus der Liste ein.

> Informationsschalter   Dienstausweis   stehen Schlange
> Entschuldigung   protestieren   drängelt sich vor
> verärgert   nervös

a Kommissar Gandolf will der Bahnangestellten beweisen, dass er Polizeibeamter ist. Er zeigt ihr seinen ....

b Die Leute .... am Informationsschalter. Sie ....

c Kommissar Gandolf will wissen, wann der Zug aus Hockenheim ankommt. Er geht zum ....

d Kommissar Gandolf will nicht in der Schlange stehen. Er ....

e Herr Schneider ist sehr ...., weil Erich ausgerissen ist.

f Kommissar Gandolf sagt zu den Leuten, dass es ihm leid tut, dass er sich vorgedrängelt hat. Er bittet sie um ....

5 Verwende die Wörter um Sätze zu schreiben.

a ankommen...

b Zug ....

c Rennfahrer..

d Rekord ....

Leseverständnis

6 **Lies den Text und beantworte die Fragen.**

Der Deutsche Formel-Eins-Rennfahrer Michael Schumacher fährt zwischen 1991 und 2006 253 Grand-Prix Rennen. Er gewinnt sieben Weltmeistertitel, mehr als jeder Fahrer vor ihm. Neben seinen sieben Formel-1-WM-Titeln hält er noch weitere Rekorde: Er gewinnt 91 Rennen, steht 61 mal auf dem Startplatz und fährt in 76 Rennen die schnellste Runde. Er sammelt die meisten WM-Punkte, steht am häufigsten auf dem Siegerpodest und fährt mehr Kilometer als jeder andere Fahrer.

a Wie viele Rennen fährt Michael Schumacher zwischen 1991 und 2006?

....

....

b Welche Rekorde hält Michael Schumacher?

....

....

c Wie viele Weltmeistertitel hält Michael Schumacher?

....

....

Berühmte Detektive

Menschen haben sich immer schon für Detektive und ihre spannende Arbeit interessiert.
Viele Kinderbuchautoren haben Detektive zu ihrer Hauptfigur gemacht und einige davon wurden weltberühmt. Auch Geschichten, bei denen es darum geht, Geheimnisse zu lüften und Rätsel zu lösen, sind in der Jugendliteratur sehr beliebt.

Emil und die Detektive

Einer der berühmtesten deutschen Kinderkrimis ist Erich Kästners „Emil und die Detektive." Der im Jahr 1929 erschienene Roman handelt von einem Jungen namens Emil Tischbein. Der Zwölfjährige wird auf einer Bahnreise von seiner Heimatstadt Neustadt zu Berliner Verwandten bestohlen. Emil nimmt die Verfolgung auf, um die 140 Mark zurückzubekommen, die für seine Großmutter bestimmt sind. Er verfolgt den Dieb vom Bahnhof Zoologischer Garten in Berlin über Wilmersdorf bis zum Nollendorfplatz. Kurz darauf kommen ihm andere Kinder und seine Cousine Pony Hütchen zu Hilfe. Gemeinsam finden sie den Dieb, der auch ein gesuchter Bankräuber ist. Emil bekommt am Schluss sogar noch eine Belohnung!

Herr der Diebe

Cornelia Funke ist eine der bekanntesten deutschen Kinderbuchautorinnen. Sie wurde 1958 geboren, und ihre Bücher wurden bereits in 37 Sprachen übersetzt. Zu ihren bekanntesten

Werken gehört die Fantasieserie „Tintenblut".

In ihrem Kinderkrimi „Herr der Diebe" flüchten die beiden Brüder Prosper und Bo nach dem Tod ihrer Mutter nach Venedig und bleiben dort fünf Jahre lang. Die Geschwister sollen getrennt werden und nur der kleine Bo soll bei seiner Tante Esther wohnen, doch die beiden wollen zusammen bleiben. Sofort beauftragt Tante Esther einen Detektiv, um die beiden Jungen zu finden.

Cornelia Funke.

Die Brüder treffen das Mädchen Wespe und ihre drei Freunde und alle vier wohnen in einem alten, verlassenen Kino. Eines Tages führt ein rätselhafter Auftrag die Kinder auf eine scheinbar unbewohnte Laguneninsel.

Die fünf Freunde

Die Hauptfiguren in der Jugendkrimiserie „Die fünf Freunde" sind die Geschwister Anne, Richard, Julius und ihre Cousine Georgina, die Georg genannt wird. Außerdem ist da noch Georges Hund Timmy. Die britische Kinderbuchautorin Enid Blyton schreibt die Serie, die zu den erfolgreichsten Kinderbuchreihen der Welt gehört. Gleich nach dem sich die fünf Freunde zum ersten Mal begegnet sind, bekommen sie es mit einem seltsamen Fremden zu tun, der die alte Burg auf der Felseninsel in ein Hotel umbauen will. Die Freunde

Enid Blyton.

glauben, dass es in Wirklichkeit um einen Schatz geht, der dort versteckt sein soll.

Auf www.fuenf-freunde.de findest du viele geheimnisvolle Spiele und Rätsel!

Textverständnis

1 **Beantworte kurz die folgenden Fragen.**

a   Welche Romanfigur hat Erich Kästner erschaffen?

....

b   Für wen sind Erich Tischbeins 140 Mark bestimmt?

....

c   Welche Fantasieserie hat Cornelia Funke geschrieben?

....

d   Wie heißt ein weiteres Buch von Cornelia Funke?

....

e   Wer schrieb die Krimiserie „Die fünf Freunde"?

....

Auf Wiedersehen

Herr und Frau Schneider, Kommissar Gandolf, Pauline

KOMMISSAR GANDOLF: — Kommen Sie, wir gehen zum Gleis.

HERR SCHNEIDER: — Aber erklären Sie mir doch. Warum glauben Sie, dass Erich in Hockenheim war?

KOMMISSAR GANDOLF: — Vielleicht wollte er die Testrunden sehen, die Formel-1-Piloten, und wegen des Streiks konnte er nicht mehr weg.

FRAU SCHNEIDER: — Aber das ist doch unmöglich. Und die Lösegeldforderung?

KOMMISSAR GANDOLF: — Richtig, da ist der Zettel. Aber ich weiß nicht, ob das wirklich eine Lösegeldforderung ist. Sie ist zu seltsam. Schauen Sie!

Kommissar Gandolf zieht den Zettel aus der Tasche.

Das ist eine Kinderhandschrift und man wirft eine Lösegeldforderung nicht auf den Boden. Das ist lächerlich.

Pauline nähert sich, sieht den Zettel und lacht laut.

PAULINE: — Eine Lösegeldforderung, das? Aber das ist doch ein Zettel für eine Spende in der Schule. Wo haben Sie den denn gefunden?

HERR SCHNEIDER: — Auf dem Boden. Vor der Haustür.

PAULINE: — Den habe ich sicherlich verloren, als ich heute Morgen aus dem Haus ging. Ich habe viele Kopien gemacht, um sie in der Schule zu verteilen [1]. Alle Schüler haben so einen Zettel mitbekommen.

KOMMISSAR GANDOLF: — Ein Zettel für eine Spende?

PAULINE: — Ja, um Geld für die Kinder zu sammeln, die Hunger leiden. Mit fünf Euro kann man das Leben eines Kindes retten. Es ist kaum zu glauben.

KOMMISSAR GANDOLF: — Gut, jetzt bin ich aber beruhigt. Wir sind auf der richtigen Fährte [2]. Langsam wird mir alles klar. Erich ist sicherlich in Hockenheim.

HERR SCHNEIDER: — Aber das ist doch unglaublich. Der Junge wird doch nicht ganz alleine nach Hockenheim fahren. Das kann doch nicht sein!

KOMMISSAR GANDOLF: — Aber klar! Erich hat an alles gedacht, außer an den Zugstreik. Versetzen Sie sich in seine Lage. Heute

1. **verteilen:** vielen Leute geben.
2. **die Fährte:** Spur.

Morgen geht er statt zur Schule zum Bahnhof und nimmt den Zug nach Hockenheim. Er ist sicher, dass er um fünf wieder zu Hause ist. Aber da ist der Zugstreik, und er sitzt in Hockenheim fest.

HERR SCHNEIDER: — Aber warum hat er uns nicht Bescheid gesagt?

KOMMISSAR GANDOLF: — Er hat angerufen, kurz bevor der Zug abfuhr. Der Lärm am Telefon, das war der Lärm des Zuges.

Herr Schneider schüttelt seinen Kopf.

HERR SCHNEIDER: — Warte nur, der kann heute was erleben! Ich habe mir noch nie solche Sorgen gemacht. Wie kann er seiner Mutter und mir nur so etwas antun?

Man hört den Lautsprecher.

„Der Zug aus Hockenheim fährt nun auf Gleis 3 ein."

Kommissar Gandolf reicht Frau Schneider die Hand.

KOMMISSAR GANDOLF: — Also, ich gehe jetzt. Ich habe auch einen 15-jährigen Sohn. Er ist zu Hause und wartet auf mich. Heute Abend gehe ich mit ihm zu einem Fußballspiel. Auf Wiedersehen, Frau Schneider, auf Wiedersehen Pauline. Du hast mir sehr geholfen und viel Glück für deine Spendensammlung.

Er reicht Herrn Schneider die Hand.

KOMMISSAR GANDOLF: — Wiedersehen, Herr Schneider. Seien Sie nicht zu streng mit Erich. Sie waren auch mal 15 Jahre alt.

Man hört den Zug einfahren. Kommissar Gandolf geht weg.

Was steht **im Text?**

Textverständnis

1 **Was ist richtig (R), was ist falsch (F)?**

		R	F
a	Kommissar Gandolf glaubt, dass sich Erich das Formel-1-Rennen in Hockenheim ansehen wollte.	☐	☐
b	Auf dem Zettel mit der Lösegeldforderung ist eine Kinderschrift zu sehen.	☐	☐
c	Die Lösegeldforderung ist in Wirklichkeit ein Brief von Pauline an ihre Freundin.	☐	☐
d	Erich hat versucht seine Eltern aus Hockenheim anzurufen.	☐	☐
e	Erich ist am Morgen statt zur Schule zum Flughafen gefahren.	☐	☐
f	Kommissar Gandolf sagt Herrn Schneider, dass er mit Erich nicht zu streng sein soll.	☐	☐
g	Kommissar Gandolf hat auch einen Sohn, der 16 Jahre alt ist.	☐	☐
h	Pauline sagt, dass man mit fünf Euro das Leben eines Kindes retten kann.	☐	☐

2 **Beantworte kurz die folgenden Fragen.**

a   Wofür wünscht Kommissar Gandolf Pauline viel Glück?

....

b   Auf welchem Gleis kommt der Zug aus Hockenheim an?

....

c   Warum glaubt Kommissar Gandolf, dass Erich in Hockenheim war?

....

▶▶▶ INTERNET PROJEKT ◀◀◀

Reisebroschüre

Hast du schon einmal einen ganz besonderen Ort besucht? Erstelle mit Hilfe des Internets eine bunte Reisebroschüre über Frankfurt. Öffne die Website www.blackcat-cideb.com.

Gehe dann auf den Menüpunkt *Students*, danach auf *Lesen und Üben*. Suche dann den Titel des Buches und du bekommst die genaue Link-Angabe.

Recherchiere

Verwende das Internet, um Informationen für deine Broschüre zu sammeln. Mache dir zu den folgenden Themen Notizen:

Einleitung: Beginne deine Broschüre mit einigen aufregenden Fakten. Warum ist dieser Ort so besonders? Was fasziniert dich so daran?

Besonderheiten: Nenne einige Besonderheiten dieses Ortes. Wofür ist dieser Ort bekannt?

Essen & Trinken: Für welche Spezialitäten ist dieser Ort bekannt?

Geografie & Klima: Beschreibe die Geografie dieses Ortes. Gibt es dort Berge, Wüsten, Seen? Wie ist das Wetter?

Ausflugsmöglichkeiten: Welche besonderen Sehenswürdigkeiten gibt es an diesem Ort?

Zusammenfassung: Schreibe eine aufregende Zusammenfassung. Die Zusammenfassung soll Menschen davon überzeugen, dass dieser Ort einzigartig ist!

Wortschatz

1 Setze die passenden Wörter aus der Liste ein.

> verschwunden Foto Kommissar Sorgen anzurufen
> Zimmer Autorennfahrern entführt ansehen
> Bahnangestellte aufgeregt Hockenheim
> Schlagzeilen Bahnhof

Herr Schneider ist nervös und .... Sein Sohn Erich ist
.... Herr Schneider glaubt, dass sein Sohn .... wurde.
Er arbeitet an einem geheimen Projekt. Herr Schneider geht zu
.... Gandolf. Frau Schneider trifft sich auch mit Kommissar
Gandolf. Sie gibt ihm ein .... von Erich. Die Schneiders machen
sich große .... Kommissar Gandolf sieht sich Erichs
.... an. Es ist ziemlich unordentlich. Kommissar Gandolf sieht
sich die Poster in Erichs Zimmer an. Es sind Poster von Rockmusikern
und .... Erich versucht seine Eltern .... Dann liest
Kommissar Gandolf die .... in der Zeitung. Er hat eine Idee. Er
fährt zum .... und fragt, wann der Zug aus ....
ankommt. Die .... sagt, dass der Zug gerade einfährt. Erich
war in Hockenheim. Er wollte sich das Formel-1-Training ....

Grammatik

2 Ergänze mit dem bestimmten oder unbestimmten Artikel.

a .... Detektiv heißt Kommissar Gandolf.

b .... Mann setzt sich zu Herrn Schneider.

c Frau Schneider trägt .... hübsches Kleid.

d .... Junge aus der Schule hat Erich am Morgen gesehen.

e .... Zug hat Verspätung.

f .... Polizeistation ist in Frankfurt.

g .... Schulkamerad ruft Pauline an.

h Die Schneiders haben .... Sohn und .... Tochter.

3 **Negiere die folgenden Sätze.**

a Herr Schneider ist glücklich.

  ....

b Kommissar Gandolf trifft sich mit Erich.

  ....

c Erichs Schwester heißt Paula.

  ....

d Erich ist mit dem Zug nach Nürnberg gefahren.

  ....

e Die Schüler haben Erich am Morgen gesehen.

  ....

f Erichs Vater heißt Paul.

  ....

4 *Sein* **oder** *haben*? **Setzte die richtige Form des Verbs ein.**

a Erich .... Formel-1 Fan.

b Herr Schneider .... einen Zettel vor der Haustür gefunden.

c Pauline .... die Schwester von Erich.

d Erich .... mit dem Zug nach Hockenheim gefahren.

e Erich .... in Mathe eine Fünf geschrieben.

f Die Leute am Bahnhof .... protestiert, weil Kommissar Gandolf sich vorgedrängelt ....

g Herr Schneider .... sehr streng mit Erich.

Geheimnisvolle Rätsel

5 **Das Rätsel um die verlorene Geldtasche.**

Vier Männer gehen mit ihren Freundinnen ins Kino.
Die Männer heißen: Robert, Peter, Thomas und Erich.
Die Frauen heißen: Ilse, Annika, Kathrin und Claudia.
Thomas hat seine Geldtasche verloren. Wo ist sie?

Thomas sitzt zwischen Kathrin und Peter.
Erich sitzt nicht neben Annika.
Claudia sitzt zwischen Erich und Robert.
Zwischen Kathrin und Ilse sitzen zwei Personen.
Robert sitzt nicht neben Ilse.
Annika sitzt rechts neben Kathrin.

Verwende die Tabelle, um Notizen zu machen und das Rätsel zu lösen.

a   Wer sitzt neben wem?

....

b   Die Geldtasche liegt unter Peters Stuhl. Wo ist die Geldtasche?

....

6 Schau dir den Geheimcode an. Kannst du herausfinden, welche Wörter hier unten sind?

A = ✹	J = ✪	S = ▲
B = ✪	K = ✳	T = ✴
C = ✳	L = ●	U = ◆
D = ✤	M = ○	V = ✿
E = ✢	N = ■	W = ◗
F = ✺	O = ☆	X = ▮
G = ◇	P = ☆	Y = ✱
H = ✲	Q = ✱	Z = ✴
I = ✳	R = ▢	

1 ▲ ✳ ✳ ◆ ● ✤ ....

2 ✳ ■ ◇ ✤ ■ ✳ ✤ ◆ ▢ ....

3 ▲ ☆ ▢ ◇ ✤ ■ ....

4 ◇ ✤ ✳ ✤ ✳ ○ ■ ✳ ▲ ....

5 ✳ ☆ ○ ○ ✳ ▲ ▲ ✹ ▢ ....

6 ✹ ▢ ▢ ✹ ■ ✳ ✹ ◆ ▢ ✴ ....

7 ▲ ✳ ✳ ▢ ✤ ✳ ✪ ✴ ✳ ▲ ✳ ✳ ....

8 ☆ ☆ ● ✳ ✴ ✤ ✳ ◗ ✹ ✳ ✳ ✤ ....

9 ✤ ✤ ▢ ▲ ✳ ✳ ◗ ◆ ■ ✤ ✤ ■ ....

10 ✪ ✤ ▢ ◆ ✳ ✳ ◇ ✤ ■ ....

64